COUP D'ŒIL SUR LA SCIENCE DANS LE PASSÉ

LA PIERRE PHILOSOPHALE

ET

LE PHLOGISTIQUE

CONFÉRENCE

FAITE A LA SALLE DU BOULEVARD DES CAPUCINES

PAR

M. ALFRED JACQUEMART

PARIS

LIBRAIRIE UNIVERSELLE DE GODET JEUNE

9, PLACE DES VICTOIRES, 9

1876

LA

PIERRE PHILOSOPHALE

ET LE

PHLOGISTIQUE

COUP D'ŒIL SUR LA SCIENCE DANS LE PASSÉ

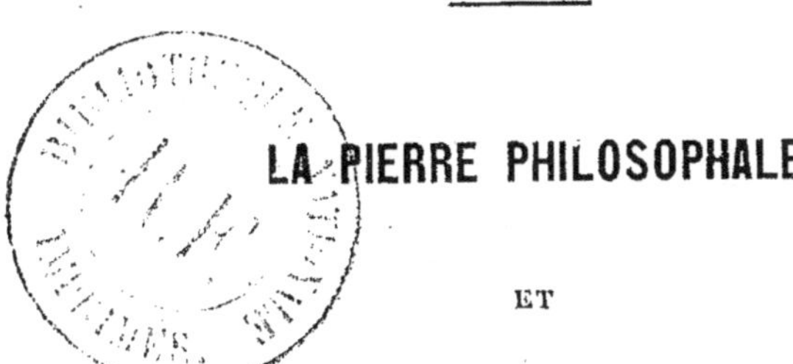

LA PIERRE PHILOSOPHALE

ET

LE PHLOGISTIQUE

CONFÉRENCE

FAITE A LA SALLE DU BOULEVARD DES CAPUCINES

PAR

M. ALFRED JACQUEMART

PARIS

LIBRAIRIE UNIVERSELLE DE GODET JEUNE

9, PLACE DES VICTOIRES, 9

1876

LA PIERRE PHILOSOPHALE ET LE PHLOGISTIQUE

MESDAMES, MESSIEURS,

Je ne sais plus quel savant a dit : « La science est comme un fleuve, pour la bien connaître, il faut remonter à sa source. »

C'est pénétré de cette vérité, qu'après avoir parlé ici de Copernic, de Képler, de Newton, je me suis proposé de vous faire faire connaissance avec les *Alchimistes*. Il me suffit de nommer *Albert le Grand*, *Paracelse*, *Van Helmont*, pour que vous admettiez avec moi, que la renommée de quelques-uns a franchi plusieurs siècles et est arrivée jusqu'à nous. Cependant l'œuvre d'aucun d'entre eux n'est en rien comparable à celle des génies qui ont fondé l'Astronomie moderne. Il nous faudra chercher ailleurs que dans la grandeur des conceptions ou la fécondité des travaux, la cause de la renommée des disciples d'Hermès.

Chose singulière et bien instructive, ils ont été sauvés de l'oubli plus par ce qu'ils ont cherché en vain que par les découvertes véritablement utiles qu'ils nous ont léguées.

Quelle est donc la cause de cette renommée légendaire, presque populaire, de quelques-uns ; à quoi tiennent ces souvenirs étranges, mystérieux mélange de surnaturalisme, de sorcellerie, d'extravagance, de science véritable et de travail fécond, qui nous viennent des temps de l'Alchimie?

Quel était donc l'objet, le but de cette science ? Quelles régions de l'univers explorait-elle ? Qu'a-t-elle trouvé que nous ayons conservé ? A quel vice originel a-t-elle dû son impuissance de plusieurs siècles ?

Telles sont les questions très instructives dont nous allons nous entretenir dans la durée d'une conférence encore raccourcie par les quelques expériences nécessitées par le sujet.

Voici un flacon de coton-poudre ou fulmicoton, substance que vous connaissez et dont les photographes font un grand usage ; je l'approche de ce bec de gaz, il disparaît par une combustion instantanée sans laisser la moindre trace et en répandant une lumière éblouissante.

Qu'est devenue sa substance? Est-elle anéantie? Est-elle seulement transformée et dispersée? Pourrait-on la retrouver? Voici deux liqueurs parfaitement transparentes et à peu près incolores ; je les verse l'une dans l'autre, j'obtiens une coloration bleue qui va se foncer de plus en plus à l'air. Dans ce petit ballon de verre, je chauffe du soufre jusqu'à la fusion et au delà ; j'y projette du cuivre, vous voyez la masse devenir incandescente ; tout à l'heure vous verrez que nous n'avons plus là ni du cuivre ni du soufre, mais une substance noire, cassante, incombustible. Le soufre et le cuivre se sont unis intimement jusque dans leurs plus petites parcelles ; c'est là un phénomène chimique. Le fer qui se rouille, ou qui brûle, le bois qui se consume ou qui pourrit, le jus de raisin fermentant dans les cuves, tout cela, ce sont des phénomènes chimiques. La transformation de la substance, tel est, dans une expression générale, le but de la *Chimie*. Les chimistes décomposent les corps, les associent intimement, les *combinent* pour en former d'autres ayant des propriétés nouvelles. En réalisant des conditions spéciales par l'intelligence qu'il a des lois générales, un chimiste peut créer des corps que la nature ne nous a pas donnés. Il ne crée pas la substance, mais l'arrangement et les propriétés qui lui sont propres. Toutes les productions de la nature morte ou vivante ne sont aussi que des réalisations particulières, limitées, des lois générales du monde.

Il y a quelques millions d'années, la vie sur notre planète n'avait pas les mêmes représentants qu'aujourd'hui, ceux-ci ne contemplaient ni les mêmes océans ni les mêmes montagnes. Dans quelques siècles ils auront encore changé.

Les lois trouvées par l'immortel Képler, et suivant lesquelles les planètes tournent autour du soleil, ne sont que l'expression mathématique d'une phase, d'un moment dans l'éternelle transformation des choses. Elles ne sont pas plus éternelles que l'épanouissement d'une rose ou que l'état informe d'une nébuleuse.

Le grand chimiste anglais Davis en isolant le premier globule de potassium a réalisé ce qui ne s'était probablement jamais produit à la surface de la terre.

MM. Descloizeau, Daubrée, Becquerel et

autres minéralogistes ont fabriqué des pierres identiques à celles que nous appelons précieuses à cause de leur rareté, telles que le corindon, les émeraudes, etc., et ce n'est certes pas par les procédés dont la nature s'est servie il y a quelques milliers de siècles.

Aujourd'hui on commence à fabriquer par les méthodes de la synthèse chimique des substances dont la production paraissait le privilége exclusif des fonctions vitales.

Je ne suis pas, messieurs, aussi loin de mon sujet que vous pourriez le croire, car l'*Alchimie*, c'est la chimie avant Lavoisier, c'est la chimie du passé. L'Alchimiste, c'est l'homme de science cherchant sans méthode, désordonné dans ses aspirations, troublé dans ses conceptions par des préoccupations étrangères à la science, mais très puissantes sur ses adeptes.

Les Alchimistes aussi voulaient créer, eux aussi cherchaient la richesse par la science et quelques-uns l'ont même trouvée, mais, au lieu d'aller à la conquête difficile et lente, mais certaine, de la loi des faits, ils veulent du premier coup, d'un bond, dévoiler le secret du monde, le faire sortir entier, tout vivant, d'une cornue surchauffée. Ils ne visent à rien moins qu'à la connaissance immédiate de l'absolu, à la toute-puissance sur la matière. Ils donnent un corps à leurs conceptions et à leurs désirs, cela s'appelle la *pierre philosophale* ou la *panacée universelle*.

La première doit donner la richesse, elle transformera les métaux en or; la seconde, comme la fontaine de Jouvence, entretiendra la santé et rendra la jeunesse, voilà de quoi exciter l'ardeur des plus tièdes.

On se forge une idée, un désir, puis on en cherche la réalisation dans l'expérience. Les corps nouveaux sortent, comme par enchantement, des cornues incandescentes ; car tout est à trouver, mais point d'or, point de panacée, et cela heureusement, car l'espérance et les désirs subsistent et l'ardeur au travail aussi. Le revers de la médaille, c'est qu'on ne trouve point de loi, point d'explication sérieuse, partant point de science. Le but n'est point de connaître ce qui est, mais de trouver ce qu'on désire.

L'origine de l'Alchimie se perd dans les temps obscurs des vieilles civilisations de l'Inde et de l'Egypte. Ce sont les prêtres qui s'en occupent et s'en servent. Eux seuls en connaissent les secrets et les faux mystères ; au fond ils n'en savent pas plus que les autres, mais on le croit, cela suffit, et l'*Alchimie* fait partie des choses religieuses.

Les Arabes l'ont beaucoup cultivée ; la nomenclature actuelle en garde le souvenir. Après la prise d'Alexandrie, ils l'introduisirent dans l'Europe occidentale où elle devint florissante à partir du huitième siècle. Le nom d'Albert le Grand la résume à cette époque.

Le terrain profondément religieux où elle va se développer, le surnaturalisme qui a beau jeu au milieu de la plus complète ignorance ; puis par-dessus tout cela une couche de l'esprit métaphysique des vieilles philosophies hindoues, vont donner à cette science un caractère d'originalité peut-être unique dans l'histoire de l'esprit humain.

Comme les enfants et les peuples ignorants, les alchimistes obéissent à cette tendance naturelle de personnifier les phénomènes et les propriétés des corps. Pour eux, ceux-ci sont pénétrés d'agents, d'*esprits*, auxquels il faut rapporter tous les changements, toutes les productions, toutes les manifestations de la matière. L'idée de la *pierre philosophale* est sortie de là. Poussés par l'esprit scientifique qui les anime d'une curiosité infatigable, ils cherchent sans cesse ; d'un autre côté, dirigés par l'idée de l'absolu, de la toute-puissance possible qui pénètre et domine leur esprit, ils cherchent mal et ne voient point ce qui s'offre à eux. Matérialisant leurs désirs, c'est à la pierre philosophale qu'ils demanderont la science définitive, suprême, et par conséquent tout revient à faire cette divine trouvaille. Elle aura en elle toutes les puissances, mais principalement celle de faire de l'or. La *panacée universelle* sera la substance médecine, c'est la divinisation d'une drogue ; prolongeant indéfiniment la vie, elle doit bien aussi par là rapporter un peu d'or à celui qui la possédera. Aussi la cherche-t-on avec non moins d'ardeur que sa rivale.

Ces illuminés, ces inventeurs de systèmes seront d'infatigables travailleurs. Et tous ne sont pas des illuminés entièrement sous l'influence de rêves mystiques ; certains d'entre eux sont de vrais chercheurs à la façon de ceux du dix-neuvième siècle, débarrassés de toute conception purement subjective, et ne cherchant dans leurs cornues que les lois exactes des phénomènes qui s'y passent. Bien plus, on peut dire que, dans tous, il y a du Bacon ; l'homme nouveau s'y montre ; il lutte contre le vieil homme qui règne encore dans la maison ; quelquefois l'esprit nouveau triomphe et trouve. Je dis l'esprit nouveau parce que son triomphe définitif et universel est tout à fait moderne, mais c'est l'homme de tous les temps.

Toujours et partout, on a rencontré des esprits libres de toute croyance antiscientifique et cherchant la vérité pour le seul plaisir et le seul bonheur de la trouver. Cet état intellectuel se rencontre à des degrés divers selon les époques, mais on peut affirmer que, dans la suite des temps, il prend de plus en plus le dessus. C'est d'une phase de cette lutte éternelle que l'Alchimie nous offre le spectacle d'une manière peut-être plus frappante que toute autre partie de l'histoire.

J'avais bien raison de dire, tout à l'heure, que beaucoup d'entre les Alchimistes étaient loin de croire à toutes les fantasmagories de leur temps. Écoutez Géber parlant de la transmutation des métaux en or par la pierre philosophale : « Il nous est aussi impossible de transformer les métaux les uns dans les autres, qu'il nous est impossible de changer un bœuf en une chèvre. » Et le même Géber parlant des gaz n'aurait pas dit mieux s'il eût vécu mille ans plus tard. « Il y a des gens, dit-il, qui font des opérations pour fixer les *esprits* sur les métaux ; mais, comme ils ne savent pas bien disposer leurs expériences, ces esprits leur échappent pendant l'action du feu..... Si vous voulez, ô fils de la doctrine, faire éprouver aux corps des changements divers, ce n'est qu'à l'aide des gaz que vous y parviendrez. Lorsque les *gaz* se fixent sur les corps, ils perdent leur forme et leur nature, ils ne sont plus ce qu'ils étaient. Lorsqu'on veut en effectuer la séparation, voici ce qui arrive : ou les gaz s'échapperont seuls et les corps où ils étaient fixés, restent, ou les gaz et les corps s'en vont tous les deux à la fois. »

Les contemporains de Boyle et même de Lavoisier n'étaient pas plus avancés ; il est vrai que Géber était Arabe, son vrai nom est Djamar, et, pendant que l'obscurité régnait sur l'Europe occidentale, la science brillait d'un vif éclat chez les Arabes.

Géber a été le plus instruit des Alchimistes jusqu'à Paracelse ; il connaissait l'eau-forte, la pierre infernale ; il en décrit même la préparation. Il parle de la terre rouge de mercure que nous appelons l'oxyde rouge depuis que Priestley et Lavoisier en ont fait sortir le secret de la chimie.

A quelle distance le langage de Géber n'est-il point des élucubrations mystiques de Zosime, l'un des grands maîtres de *l'art sacré*, qui vivait 400 ou 500 ans avant Géber. Ce Zosime a écrit en grec plusieurs traités sur la chimie.

Il personnifie les substances minérales :

Le *Chrysanthrope*, l'homme d'or ;

L'*Argiranthrope*, l'homme d'argent ;

Le *Khalkanthrope*, l'homme d'airain ;

L'*Anthropoparias*, l'homme de marbre.

Ce dernier, dit-il, apparaît revêtu d'un manteau rouge, royal ; il se jette dans le feu où son corps est consumé entièrement.

Voici maintenant sa recette : « Prends du sel et arrose le soufre brillant jaune ; lie-le pour qu'il ait de la force, et fais intervenir la fleur d'airain, et fais de cela un acide liquide blanc; prépare la fleur d'airain graduellement.

Dans tout cela tu dompteras le cuivre blanc, tu le distilleras, et tu trouveras, après la troisième opération, un produit qui donne de l'or. » J'admets volontiers qu'il y ait là-dessous quelque vérité, quelque réaction chimique pressenties ; combien néanmoins un pareil langage n'a-t-il pas dû gêner, embarrasser le progrès de la science ; il est vrai qu'on ne s'en préoccupait guère, de ce progrès ; on voulait en imposer en cachant la pauvreté des connaissances sous la fausse pompe de paroles mystérieuses. C'est bien autre chose encore si nous remontons l'histoire jusqu'au grand *Hermès*, le fondateur, le père, le dieu du *grand Art*.

« Et comme toutes les choses ont esté, et venu d'un, par la méditation d'un ; ainsi toutes les choses ont esté nées de ceste chose unique par adaptation. Le Soleil en est le Père et la Lune, la Mère. Le tout la porte en son ventre et la Terre est sa nourrice. Le père de tout, le Télesme de tout le monde est icy. Sa force ou puissance est entière, si elle est tournée en terre, tu sépareras la Terre du feu, le subtil de l'espois doucement avec grand engin. Il monte de la terre au ciel et derechef descend en terre et reçoit la force des choses supérieures et inférieures. Tu auras par ce moyen la gloire de tout le monde. Et pour ce toute l'obscurité s'enfuira d'avecques toy. En ceci est la force forte de toute force. Car elle vaincra toute chose subtile, et toute chose solide pénétrera. Ainsi le monde est créé. De cecy seront et sortiront d'admirables adaptations, desquelles le moyen en est ici. Et à cette occasion, je suis appelé *Hermès Trismégiste*, ayant les trois parties de la philosophie de tout le monde. Il est complet, ce que j'ai dit de l'opération du Soleil. » Il faut penser que les pauvres Alchimistes devaient trouver sacrés et profonds les livres de leur maître, mais qu'ils ne devaient point les trouver clairs.

Laissons ce charabia des temps nébuleux et revenons au moyen âge, à l'époque des vrais Alchimistes.

Albert le Grand possédait toute la science de son temps. Après avoir été successivement professeur, dominicain, évêque, il s'adonne exclusivement à l'étude des sciences et meurt à 87 ans, retiré dans un couvent près de Cologne.

Ce grand homme croyait possible la transmutation des métaux, ce qui ne prouve pas qu'il croyait à la pierre philosophale. « Les métaux, dit-il, sont tous identiques dans leur origine ; ils ne diffèrent les uns des autres que par leur forme. Or, la forme dépend des causes accidentelles que l'artiste doit chercher à découvrir et à éloigner ; car ce sont ces causes qui entravent la combinaison régulière du soufre et du mercure, *élément de tout métal*..... Lorsque le soufre pur rencontre du mercure pur, il se produit de l'or au bout d'un temps plus ou moins long, par l'action permanente de la nature. Les espèces sont immuables et ne peuvent, à aucune condition, être transformées les unes en les autres ; mais le plomb, le cuivre, le fer, l'argent ne sont pas des espèces ; *c'est une même essence* dont les formes diverses nous semblent des espèces. »

Cette grande erreur que tous les métaux sont formés de soufre et de mercure étant prise comme une vérité incontestée, et considérant qu'au moyen âge comme aujourd'hui l'or était loin d'être dédaigné, nous nous expliquons l'ardeur avec laquelle, pendant longtemps, on a cherché sa production artificielle. La transmutation des métaux n'est pas absurde en soi, mais il faut la concevoir tout autrement. Voici ce qu'en dit notre illustre chimiste Dumas. « Serait-il permis d'admettre des corps simples isomères ? Cette question touche de près à la transmutation des métaux. Résolue affirmativement, elle donnerait des chances de succès à la recherche de la pierre philosophale..... Il faut donc consulter l'expérience, et l'expérience, il faut le dire, n'est point en opposition jusqu'ici avec la possibilité de la transmutation des corps simples..... Elle s'oppose même à ce qu'on repousse cette idée comme une absurdité qui serait démontrée par l'état actuel de nos connaissances. » Ainsi, c'est l'avis de notre plus grand chimiste que la transmutation des métaux ne doit pas être considérée, *à priori*, comme une chimère absolument irréalisable. C'est bien ce que nous pensons aussi.

Quelques découvertes modernes ont fait voir que le même corps simple, le phosphore, le soufre, le chlore, l'oxygène, peut exister sous divers aspects et montrer ainsi des propriétés parfois tout à fait différentes. Ainsi, le phosphore *rouge*, ou phosphore *amorphe*, n'est pas vénéneux, il est peu soluble dans le sulfure de carbone, difficilement inflammable. Au contraire, le phosphore ordinaire, qui est incolore, est un dangereux poison, très-soluble dans le sulfure de carbone, très-facilement inflammable, comme chacun sait ; et, cependant, ces deux corps sont chimiquement identiques, en ce sens qu'ils forment les mêmes combinaisons et qu'on peut avec l'un produire l'autre, les transmuter sans perte ni augmentation de poids. Les phénomènes de *trempe* ne sont-ils pas des transformations de même ordre.

Il n'est donc pas démontré que les métaux ne sont pas les états *allotropiques* d'une même substance.

Les personnes un peu versées dans les sciences se rappelleront qu'un savant de grande valeur, *Prout*, prétendit : *que les poids des atomes de tous les corps simples étaient des multiples du poids de l'atome de l'hydrogène ;* et M. Dumas, dans un mémoire publié en 1859, admit que : *les poids atomiques de tous les corps étaient des multiples exacts de celui d'un corps inconnu qui aurait lui-même un poids atomique quatre fois plus petit que l'hydrogène.*

Si maintenant nous réfléchissons que *l'atome* ne peut plus se concevoir autrement que comme centre de mouvement de l'Ether et que tous les phénomènes de chaleur, d'électricité, de lumière, de magnétisme, d'attraction chimique et de pesanteur même, ne sont que des transformations de ce mouvement, notre esprit ne verra plus dans l'idée de transmutation qu'une impossibilité relative et peut-être momentanée.

Mais alors à quelle distance sommes-nous de la pierre philosophale des contemporains d'Albert le Grand. Leur croyance reposait sur cette erreur absolue que tous les métaux étaient formés de soufre et de mercure ; ils n'avaient véritablement aucune idée de l'analyse, et des faits mal interprétés les confirmaient dans cette fatale idée sur laquelle reposait tout l'édifice de leurs chimères.

Cependant, même de ce temps-là, tout le monde ne se payait pas de mots, et Albert le Grand lui-même affirme que l'or obtenu n'est pas de l'or véritable.

Qu'est-ce donc que de l'or qui n'est pas de l'or véritable ?

Mais ce qui, dans leurs idées, était archifaux, radicalement antiscientifique, c'était de rechercher un *Archée*, un être quelconque devant avoir la puissance ou la propriété, c'est tout un, de transformer les métaux en or. L'un des résultats les plus généraux de la science moderne, c'est d'éliminer de plus en plus les causes spéciales, particulières, prochaines, en tant qu'êtres réels. Où nos ancêtres voyaient des existences absolues, nous ne voyons que des modes, que des rapports, que des variations dans le phénomène. Où ils trouvaient des différences essentielles, nous ne constatons que des degrés.

Il n'y a pas longtemps que les fluides *magnétiques*, *électriques*, *calorifiques*, ont disparu de nos livres. Le calorique, l'électricité, le magnétisme, ne doivent plus représenter l'idée de substance distincte, mais simplement de phénomènes plus ou moins semblables au fond.

C'est pour cela que tout à l'heure je me permettais de qualifier d'antiscientifique l'idée symbolisée dans ce nom étrange, la pierre philosophale. Si la transmutation est possible, on la réalisera par une méthode et non par une substance.

D'Albert le Grand à Paracelse, saluons en passant les noms célèbres à des titres divers de Roger Bacon, saint Thomas d'Aquin, Raymon Lulle, Basile Valentin, Nicolas Flammel, Arnaud de Villeneuve, Léon X de Castille.

Le premier fut le plus grand et le plus malheureux peut-être. «Je me répens de m'être donné tant de mal pour éclairer les hommes, » disait-il à ses derniers moments. Victime de l'intolérance religieuse, il passa 10 ans de sa vie en prison ; ses nombreux écrits furent proscrits, comme renfermant des nouveautés dangereuses. Les moines, ses confrères, l'avaient accusé de magie. « Parce que ces choses sont au dessus de votre intelligence, vous les appelez œuvre du démon, » leur répondit-il dans un écrit remarquable. Il n'en perdit pas moins sa cause. Quelques passages des écrits de Roger Bacon, qui nous sont parvenus, pourraient laisser supposer que l'intelligence de ce grand homme avait entrevu le rôle de l'air dans la combustion, et peut-être fut-il sur le point d'inventer le gaz d'éclairage. Il dit, en effet, qu'une flamme se produit par la distillation des matières organiques ; et ailleurs, dans un traité d'alchimie : que l'air contient l'aliment du feu, et qu'une lampe emprisonnée sous un vase ne tarde pas à s'éteindre.

Le savant moine passe aussi pour avoir inventé la poudre à canon. La seule chose certaine, c'est qu'il en parle avec détail et donne même sa préparation.

La réputation, la popularité et la fortune de Nicolas Flammel ont de beaucoup dépassé sa science. Sa femme Pernelle partage avec lui l'honneur d'être connue de la postérité. Il disait tenir la pierre philosophale et il en faisait grand profit.

Le pauvre écrivain public de l'église Saint-Jacques-la-Boucherie devint très-riche, fonda des hospices, ce qui fut probablement la cause très-honorable, du reste, de sa mémoire légendaire.

Au seizième siècle, apparaît l'une des figures les plus étranges, les plus expressives, et en même temps les plus attrayantes de cette science du passé : Paracelse, homme de génie, révolutionnaire en son genre, ne doutant de rien, se moquant un peu de tout, excepté de la science ; ce bohème illustre transforme la médecine et l'alchimie. Gagnant sa vie en disant la bonne aventure, il parcourt l'Europe, un bâton à la main pour tout bagage, tour à tour ou tout à la fois *chiromancien* et *nécromancien*.

Un jour, l'éclat de sa renommée lui fait donner la chaire de chirurgie à l'université de Bâle, il la quitte pour reprendre la suite de ses voyages.

Paracelse est le fondateur de la médecine chimique dont on a tant usé depuis. Il est l'intelligent adversaire de toutes les fausses idées admises de son temps. Ecoutez-le parler aux médecins et voyez en quelle considération il tient la chimie : « Vous qui, après avoir étudié Hippocrate, Galien, croyez tout savoir, vous ne savez encore rien ; vous voulez prescrire des médicaments et vous ignorez l'art de les préparer ; la chimie nous donne la solution de tous les problèmes de la physiologie, de la pathologie, de la thérapeutique. En dehors de la chimie, vous tâtonnerez dans les ténèbres. » Et Paracelse continue sur ce ton en se moquant des savants et des médecins en gants blancs, qui ont peur de se salir les doigts. On ne peut voir sous ces exagérations qu'un culte légitime rendu à la science expérimentale. C'est, en tous cas, une explication qui nous est fournie par l'histoire, des hommages que les apothicaires modernes rendent à la mémoire de ce grand réformateur.

Dans la science physiologique, Paracelse reste dans les nuages métaphysiques; les conceptions vagues l'emportent sur les tendances positives de son brillant esprit. « La vie est un esprit qui dévore le corps, l'homme est une vapeur condensée ; il retournera à la vapeur d'où il était sorti. »

C'est lui qui a inventé l'Archée qui préside aux principales fonctions de la vie. C'est le *principe vital* fait chimiste et installé dans l'estomac.

Bernard Palissy a, plus encore que Paracelse, contribué à répandre, à exalter la méthode expérimentale. Il est le véritable créateur de la chimie technique et agricole ; c'est, avant l'époque de Lavoisier, l'un des plus grands, des plus illustres fondateurs de la science. Ecoutez-le : « Si quelqu'un sème un champ pour plusieurs années sans le fumer, les semences tireront le sel de la terre pour leur accroissement, et la terre, par ce moyen, se trouvera desnuée de sel et ne pourra plus produire. Par quoy la faudra fumer ou la laisser reposer quelques années, afin qu'elle reprenne quelque salsitude provenant des pluies et des nuées. Car toutes terres sont terres, mais elles sont bien plus salées les unes que les autres. Je ne parle pas d'un sel commun seulement, mais je parle des sels végétatifs. »

On ne dit pas plus juste dans un cours de chimie agricole en 1876. Bernard Palissy écrit sur la chimie à la manière de Lavoisier. C'est, avec le créateur de la science moderne, le plus exact représentant du génie scientifique français.

Dans la galerie des alchimistes, il représente la science pure, véritable, telle qu'elle s'épanouit triomphante de nos jours. Chez lui, elle est déjà dépouillée des conceptions sans base aucune, absurdes, impuissantes.

Personne, jusqu'au dix-neuvième siècle, n'a plus vivement et plus sûrement plaisanté les faiseurs de faux or ou les marchands de panacée. Paracelse, qui en était un, n'est pas même épargné.

« Il y a, dit-il, un nombre infini de médecins qui ont fait bouillir des pièces d'or dedans des ventres de chapons, et puis faisaient boire le bouillon aux malades... autres faisaient limer lesdites pièces d'or, et faisaient manger la limure aux malades parmi quelque viande. Autres prenaient de l'or en feuille, de quoy usent les peintres. Mais tout cela servait autant d'une sorte que d'une autre ».

Voulez-vous maintenant entendre le moraliste railleur ? « Je voulus savoir quelles espèces de folies estoyent en l'homme qui le rendaient aussi diforme et mal proportionné. Mais ne le pouvant savoir ni cognoistre par l'art de la géométrie, je m'advisai de l'examiner par une philosophie alchimistale, qui fut le moyen que je mis soudain plusieurs fourneaux propres à cette affaire : les uns pour putréfier, les autres pour calciner, aucuns autres pour examiner, aucuns pour sublimer, et d'autres pour distiller. Quoi fait, je pris la tête d'un homme, et ayant tiré son essence par calcinations et distillations, sublimations et autres examens faits par matras, cornues et bains-marie, et ayant séparé toutes les parties terrestres de la matière exhalative, je trouvai que véritablement en l'homme, il y avait un nombre infini de folies que, quand je les eus aperçues, je tombay quasy en arrière comme pasmé, à cause du grand nombre de folies que j'avais aperçues en ladite teste. Lors me prit soudain une curiosité et envie de savoir qui estait de ces plus grandes folies; et ayant examiné de bien près mon affaire, je trouvay que l'*avarice* et l'*ambition* avaient rendu presque tous les hommes fous : et leur avait quasy pourri la cervelle ». Vous reconnaissez, je pense, un membre de la famille de Rabelais et de Montaigne.

On peut affirmer que peu d'hommes ont mieux mérité que ce Français la gloire que l'histoire leur a réservée.

Bernard Palissy non-seulement n'est point un alchimiste dans le sens ordinaire du mot; mais c'est un vrai moderne. Du reste, voyez comment il apprécie ceux de son temps. « Dis donc au plus brave d'iceux qu'il pile une noix, j'entends la coquille et le noyau; et l'ayant pulvérisée, qu'il la mette dans son vaisseau alchimistal. Et s'il fait rassembler les matières d'une noix ou d'une chastaigne pilée, les remettant au mesme estat qu'elles étaient auparavant je dirai lors qu'ils pourront faire l'or et l'argent. Voire mais je m'abuse, car ores qu'ils pussent rassembler et régénérer une noix ou une chastaigne, encores ne serait-ce pas là multiplier ni augmenter de cent parties, comme ils disent, que s'ils avaient trouvé la pierre des philosophes, chascun des poids d'icelle augmenterait de cent. Or je sais qu'ils feront aussi bien l'un que l'autre.

Dans le siècle suivant Van Helmont fait tourner d'un cran la roue embarrassée de la science. La combustion fera l'objet de ses méditations ; nous nous approchons de l'époque où ce phénomène si général concentrera sur lui tous les vains efforts des théoriciens, qui n'aboutiront qu'à la conception boursouflée du phlogistique. Mais en attendant voici les gaz qui entrent en scène ; l'illustre Boyle va pour la première fois les maîtriser, les mesurer, les *isoler*. C'est un fait trop important pour qu'il soit passé sous silence. Donc, jusqu'à cette époque on n'avait pu recueillir ces corps aériformes qu'on appelle des gaz ; voici une éprouvette remplie d'eau, nous soufflons dedans, l'eau en est rejetée, elle est pleine d'air ; ce n'est rien que cela, vous semble-t-il ; eh bien, le monde ne l'a trouvé qu'il y a deux siècles et il a fallu le génie de Boyle pour en tirer parti. D'un bout à l'autre l'histoire de la science nous montre ainsi, que ce qui nous paraît très-facile, logique, évident, a fait hésiter quelquefois pendant longtemps des hommes supérieurs.

Van Helmont n'était pas le premier venu dans cette foule des chercheurs et des curieux de son temps ; c'était bien une intelligence de grande portée ; il eut des éclairs de génie, mais d'autre part il est homme d'imagination, de préjugés et d'erreurs. Il regardait encore l'air, l'eau et la terre comme les éléments des corps, le feu était un gaz. Il croit à un esprit vital qui provoque la respiration, la contraction musculaire et la force nerveuse.

Tous ceux qui lisent tant soit peu ce qui a rapport aux sciences, connaissent de nom la question dite des *générations spontanées ;* question grave, non résolue, et qui de temps à autre revient sur l'eau. Il s'agit de savoir si la matière minérale peut s'organiser et devenir vivante sous la seule action des forces physico-chimiques. Il y a sans doute bien longtemps que les philosophes se sont posé cette question-là.

Van Helmont s'en occupait et la traitait à sa façon :

« L'eau de fontaine la plus pure, mise dans un vase imprégné de l'odeur d'un ferment, se moisit et engendre des vers. Les odeurs qui s'élèvent du fond des marais produisent des limaces, des sangsues, des herbes.....

» Creusez un trou dans une brique, mettez-y de l'herbe de basilic pilée, appliquez une seconde brique sur la première de façon que le trou soit parfaitement couvert, exposez les deux briques au soleil et au bout de quelques jours, l'odeur de basilic, agissant comme ferment, changera l'herbe en véritables scorpions. »

Ce qu'il y a de piquant dans ceci, c'est que Van Helmont a vu la chose de ses propres yeux ; en tout cas il l'affirme.

De nos jours l'expérimentation est plus exigeante, et, après des centaines d'expériences méticuleuses, on ne peut pas encore nier ou affirmer la genèse spontanée de la moindre cellule microscopique.

Van Helmont était certainement une grande intelligence, mais pour ce qui est de l'expérience et de l'observation précise, il n'y regardait pas de près.

« Si l'on comprime, dit-il, une chemise sale dans l'orifice d'un vaisseau contenant des grains de froment, le ferment sorti de la chemise sale, modifié par l'odeur du grain, donne lieu à la transmutation du froment en souris après vingt et un jours environ, et Van Helmont ajoute que les souris sont adultes, qu'il en est de mâles et de femelles, et qu'elles peuvent reproduire l'espèce en s'accouplant. » Voilà le risible aspect de cette question au dix-septième siècle.

La découverte du *phosphore* avait fait beaucoup de bruit ; les noms des alchimistes Kunkel et Brandt qui l'avaient trouvé, chacun de son côté, étaient connus d'une partie de l'Europe ; des alchimistes ambulants gagnaient de l'argent en allant de ville en ville montrer le corps nouveau.

Les princes en possédaient dans leur cabinet de physique. Ce qui émerveillait, frappait extraordinairement les esprits, c'est la propriété du phosphore d'être lumineux dans l'obscurité et de prendre feu par le moindre frottement. On croyait tenir le feu en bâton ; d'un autre côté, l'attention se reportait sur les gaz; l'action du feu sur les métaux, la formation de la rouille, la théorie du feu concentraient l'attention des savants.

« *Le vert de gris, la rouille de fer*, sont engendrés par des effluves corrosives de l'air, c'est l'étude de ces corps qui nous fera connaître un jour la composition de l'air. »

Voilà, messieurs, comment Boyle, l'illustre savant anglais parle alchimie; il ne s'agit guère de pierre philosophale; les charlatans et les simples seuls s'en occupent encore.

Dès le dix-septième siècle un pharmacien de Périgueux, Jean Rey, à qui il faut rendre justice ici, émettait l'idée absolument juste que l'étain et le zinc calcinés à l'air absorbaient une partie de ce fluide et devenaient plus lourds. Les faits s'accumulaient sur ce sujet, mais les explications satisfaisantes faisant défaut, le besoin d'une théorie générale agitait les intelligences. Il était réservé au génie allemand d'en concevoir le principe et de le développer. La théorie du phlogistique est due à Becher, né à Spire en 1635. Mais c'est Stahl qui en fut le véritable propagateur et le défenseur ; ce médecin allemand avait du génie, et il employa toutes les ressources de son intelligence à rattacher, souvent avec habileté, tous les faits chimiques connus, à l'idée qu'il s'était faite de la substance des corps. Il ignorait complétement la nature des gaz, ce fut là l'une des principales causes de sa persistance dans l'erreur.

Ses disciples furent obligés de modifier et d'étendre, par toutes sortes de subtilités, les idées du maître, afin qu'elles ne restassent pas en opposition flagrante avec les expériences les moins contestables.

La théorie du phlogistique explique tout, mais ne vérifie rien. C'est un produit pur de l'esprit allemand à cette époque. Vague et mystique dans son essence, systématique et subtile dans ses détails, la théorie de Stahl n'a dû son immense succès qu'au pressant besoin de tous les esprits d'avoir enfin une théorie générale des faits chimiques. L'esprit humain ne cherche pas la vérité seulement pour ses applications, mais surtout pour satisfaire au noble désir de se rendre compte des rapports des choses.

Donc, les *phlogisticiens* concevaient qu'il existe dans la substance des corps, la pénétrant intimement, une autre substance plus subtile, s'en dégageant sous la forme du feu ; c'est le *phlogistique* ; et ce dégagement, c'est la *combustion*. Un corps brûlé est un corps déphlogistiqué ;

Ainsi le feu n'est pas un phénomène, c'est une substance; les corps combustibles comme le charbon sont très-riches en phlogistique. Il n'est pas possible de préciser cette théorie dans tous ses détails, il n'est pas davantage utile de la suivre dans tous ses contours et dans toutes ses contradictions ; il suffit de se rappeler les paroles de Jean Rey sur la calcination des métaux pour comprendre que, dès sa naissance, elle était vieille et qu'elle n'aurait pas dû vivre.

Vous allez en juger et rendre justice à la mémoire du pharmacien périgourdin.

« Response favorable à la demande : *Pourquoi l'estain et le plomb augmentent de poids quand on les calcine.* »

« A cette demande doncques, appuyée sur

les fondements déjà posés, je réponds et soutiens glorieusement que ce surcroît de poids vient de l'air qui, dans le vase, a esté espessi, appesanti et rendu aucunement adhésif par la véhémente et longuement continue chaleur du fourneau, lequel air se mesle avec la chaux et s'attache à ses plus menues parties. » « L'air, ajoute Jean Rey, est un corps pesant, et comme tel, il peut céder à l'étain et au plomb des molécules pesantes qui, par leur addition, augmentent nécessairement le poids primitif de ces métaux. L'air espaissi s'attache à la chaux (1), et va adhérant peu à peu jusqu'aux plus minces de ses parties ; ainsi son poids augmente du commencement jusqu'à la fin. Mais, quand tout en est affublé, elle n'en saurait prendre davantage. » « Ne continuez pas votre calcination soubs cet espoir : vous perdriez votre peine. » Il a ici le pressentiment d'une des plus belles lois de la chimie et qui a immortalisé le nom de Dalton : La loi des proportions définies.

A cette raison irréfutable : que le métal calciné à l'air augmentait de poids, les Stah-

(1) Métal oxydé.

liens répondaient par ce sophisme : « Nous savons parfaitement que les métaux calcinés augmentent de poids; cela ne prouve rien contre notre théorie, le phlogistique étant plus léger que l'air tend à soulever les corps avec lesquels il est combiné, ceux-ci deviennent donc plus lourds quand ils l'ont perdu. »

Ainsi tout l'édifice reposait désormais sur une fausse interprétation du principe d'Archimède qui nous explique que les corps tendent à s'élever quand ils se trouvent dans un milieu plus lourd qu'eux. Mais les corps les plus légers n'en ont pas moins un poids ; et une bulle de savon enfermée dans un vase en plomb en augmenterait le poids, ce qui n'empêcherait pas ladite bulle de s'élever dans l'air.

Les métaux oxydés étaient donc pour les disciples de Stahl des métaux déphlogistiqués. On avait Mercure, Saturne (le plomb), Vénus (le cuivre) déphlogistiqués. Or les oxydes chauffés avec du charbon (c'est là le principe de la métallurgie) laissent pour résidu un métal et donnent un produit gazeux provenant de la combustion du charbon par l'oxygène, c'est l'acide carbonique; voilà comment le métal est régénéré par le charbon riche en phlogistique; c'est désoxydé qu'il eût fallu dire, mais qu'eût-on fait de l'acide carbonique? Les Stahliens n'en tenaient point compte, et c'était là leur erreur capitale.

Eblouis par le feu, ils ne virent point ces gaz qui s'en dégageaient.

Leur analyse était fausse, ou plutôt ce qu'il prenait pour une séparation, une analyse, était une réunion, une combinaison ; et ce qui leur paraissait être une restitution de phlogistique, une synthèse, était une désoxydation, une analyse.

Au fur et à mesure que les découvertes se multipliaient sur ces faits controversés, les partisans de cette fausse et brillante doctrine, modifiaient, complétaient, transformaient, plus ou moins radicalement, les idées du maître, sans vouloir renoncer au principe. Ces efforts furent vains; la vérité leur échappait. Leur intelligence, esclave du funeste système, semblait s'acharner à ne point voir, et se fatignait à dénaturer les faits les plus clairs.

Peu de pages d'histoire montrent mieux

que la fin de cette doctrine, combien il est difficile, même, aux meilleures intelligences, de se débarrasser des croyances et des systèmes préconçus, qui. pendant longtemps, les ont satisfaites.

Après une lutte de trois quarts de siècle, l'échafaudage théorique, que Kant lui-même comparaît à l'œuvre de Newton, devait s'écrouler d'un seul coup devant l'expérience immortelle de Lavoisier.

Jamais soleil de printemps ne dissipa plus vite tant de nuages. La chimie trouva ses assises du jour au lendemain.

On dit que l'illustre Priestley, mourut phlogisticien. Cela prouverait que ses yeux affaiblis par l'âge et la tristesse ne voyaient plus, et que son intelligence épuisée ne luttait plus ; car, à l'époque de sa mort, il y avait longtemps que de ces vieilles idées il ne restait que des souvenirs.

Le phlogistique était aussi vieux que la pierre philosophale dont on ne parlait plus du tout, depuis la mésaventure de son dernier apôtre, le docteur Price mort en 1781.

Il opérait la transmutation du mercure en or au moyen d'une poudre de projection, ou plutôt il voulait le faire croire. Comme il était docteur et membre de la société royale de Londres, celle-ci s'émut du bruit qui se faisait autour des expériences de Price. Elle nomma des commissions pour assister à ses essais. Le pauvre docteur stupéfait, prétendit qu'il n'avait plus de poudre de projection, on lui donna le temps d'en préparer; il s'en tira en s'empoisonnant avec de l'huile volatile de laurier-cerise. Telle fut la fin de la pierre philosophale.

En résumé, l'Alchimie n'a point été une doctrine, ni une éeole, ni un système ; elle a été, comme je le disais en commençant, la science dans le passé. On trouve de tout dans son histoire : des vérités éclatantes contestées ; niées; des erreurs inconcevables, affirmées comme l'évidence ; des contradictions, des étrangetés, un souffle général de mysticisme et de surnaturalisme qui, tout en variant d'intensité et de direction selon les temps et les hommes, se retrouve jusqu'à la dernière heure; et avec tout cela ce travail continu, immense qui sera toujours l'honneur de ces inventeurs souvent restés inconnus et à qui pourtant la science et la civilisation moderne doivent tant. Concevez un instant l'acide sulfurique disparaissant subitement de l'industrie humaine, et demandez-vous si la disparition de tous les gouvernements de la terre dans la même semaine produirait une plus violente secousse dans les intérêts.

Nos meilleurs historiens eux-mêmes ne font pas une place assez large dans leurs récits, à ces longs efforts, qui, incessants à travers les siècles, ont enfin abouti au règne de la science pure dans quelques régions du monde.

Les conséquences de ce fait capital encore inappréciables exactement aujourd'hui, semblent échapper à la sagacité des historiens. Préoccupés exclusivement des transformations brusques et des événements retentissants qui en sont les causes immédiates, ils ne distinguent point les actions lentes, mais certaines du fleuve majestueux et tranquille de la science, qui, s'élargissant de siècle en siècle, envahit successivement l'horizon sans bornes.

Nos citations sont extraites de l'excellente histoire du docteur Hœffer.

Paris-Vaugirard. — Typ. N. Blanpain, 7, rue Jeanne.

Paris-Vaugirard. — Typographie N. Blanpain,
7, rue Jeanne.

www.ingramcontent.com/pod-product-compliance
Lightning Source LLC
LaVergne TN
LVHW012014160826
845678LV00002B/837